LA

FUSION,

PAR

M. AUGUSTE DE PUYSEGUR.

MARS 1851.

TOULOUSE,

DELBOY et JOUGLA, Libraires.

IMPRIMERIE DE J.-M. DOULADOURE.

1851

A MES COMPATRIOTES DU TARN.

MES CHERS COMPATRIOTES,

C'est à vous seuls d'abord que j'avais adressé ce travail ; c'est à vous encore que je le dédie sous cette nouvelle forme de publicité.

Votre très-affectionné et très-dévoué serviteur.

AUGUSTE DE PUYSEGUR.

AVANT-PROPOS.

—

Il y a plusieurs mois que les pages qui suivent ont été publiées par fragments. Nous avions renoncé à les réunir, trouvant bien suffisante la publicité qu'elles avaient eue dans le journal qui les a accueillies. Mais, depuis, le mot *Fusion* est sorti d'une bouche auguste ; l'idée qu'il exprime a envahi la polémique ; elle touche aux questions les plus délicates ; et elle est chaque jour controversée avec une passion qui exclut l'impartialité. Il nous paraît donc indispensable, puisque nous avons des premiers abordé ce sujet difficile, de ne point laisser séparés des articles qui ont été écrits d'après un plan d'ensemble dont les six arguments ont été composés avant que la première ligne ait été tracée. Ces articles ont été envoyés par la poste au *Conciliateur du Tarn ; ils ont été faits pour lui*, et nous n'avons pas revu les épreuves de plusieurs. En les réimprimant, nous les laisserons tels qu'ils ont paru. Nous avons peu de confiance dans notre talent d'exposition, il est vrai; mais nous sommes si sûr de la pensée qui nous dictait notre travail, que nous ne pouvons que désirer qu'on la retrouve, sous notre expression incomplète ou fautive, telle qu'elle était lorsqu'il fut fait, et déjà à cette époque elle avait eu le temps de mûrir en nous.

Quoiqu'une idée juste et saine ait de la valeur, même si celui qui l'émet l'a récemment adoptée, cependant elle acquiert encore du mérite et devient plus persuasive dans la bouche de celui qui est depuis longtemps convaincu de sa vérité.

Tout enseignement veut être abordé avec pudeur; et si l'homme qui ose faire entendre des conseils doit avant tout consulter sa conscience, il doit aussi, dans une certaine mesure, consulter son passé.

Nous l'avons fait avant de tracer, un des premiers, les six lettres du mot *Fusion*. Qu'il nous soit permis de dire ici que dans la seule réunion politique où nous nous soyons jamais trouvé, les paroles qui suivent ont jailli du plus profond de notre cœur :

« Que désormais la France ancienne et la France nouvelle se donnent à jamais la main dans la personne des enfants de l'une et de l'autre ;

» La France ancienne, qui, après avoir créé son unité, sa suprématie en Europe, avait fait de notre nom le glorieux symbóle de l'honneur, du courage et de la fidélité aux engagements ;

» La France nouvelle, qui, après avoir relevé le pays des abaissements du crime usurpant le nom de loi, des humiliations de la dictature de monstres furieux, a porté aussi loin que possible la gloire militaire des générations qu'elle a enfantées. Dans ce passé, il n'y a pas deux origines, deux nations, mais seulement deux époques de la vie d'une seule et même famille, qui, après s'être décimée elle-même le jour où, pour atteindre des améliorations nécessaires, elle a follement abandonné le principe et le droit qui les lui pouvaient le mieux assurer, s'est, dès qu'elle a pu et autant qu'il a dépendu d'elle, rapprochée de ce principe et quelquefois de ce droit.

» L'union entre les enfants de ces deux époques se cimentera par l'acceptation désintéressée de ce qui serait praticable dans les théories qui agitent si bruyamment le monde depuis le 24 février ;

» Et alors les temps d'épreuves que la France a subis ne l'auront rendue que plus forte et plus grande, comme ces maladies terribles, qui ne saisissent que pour les compléter, les constitutions les plus robustes. »

Toute la fusion en principe est dans ces mots prononcés au commencement de 1849, et alors applaudis. Comment pourrait-il se faire qu'aujourd'hui ces idées eussent perdu de leur valeur? A cette époque l'Europe était en feu, le Pape loin de Rome, les dangers plus apparents sans doute, et pour quelques esprits, il faut bien le reconnaître, l'image des dangers aide au retour à la sagesse ; mais que l'on veuille bien y regarder de près, et l'on saura que la situation ne s'est pas améliorée autant qu'on le paraît croire. Nous calculons peut-être mal, mais il nous semble évident qu'elle est plus compliquée même, car elle est devenue plus complexe. Il nous semble démontré que ceux d'entre nous qui se promettent de vaincre le communisme, le socialisme, le républicanisme, l'impérialisme, tout en forçant les orléanistes à pleurer leurs fautes et à en faire amende honorable, apprécient mal le mouvement des choses. Nous avons plus de foi dans la marche des légitimistes qui veulent élargir la base du parti par toutes les adjonctions possibles, par la fusion de toutes les affinités. Nous sommes avec ceux-là.

Le parti de l'ordre est habillé de blanc et de bleu ; nous croyons qu'il faut l'accepter ainsi, et que ces termes vulgaires cachent un sens élevé ; qu'il faut entendre que la France honnête et pensante se divise en deux grandes fractions, dont l'une, celle qui a grandi par l'intelligence, le travail et l'éducation, a pris pour couleur le bleu et s'est groupée, à tort ou à raison, n'importe, autour de la famille d'Orléans ; et nous sommes convaincus que le seul moyen d'arriver à reconstruire un Gouvernement légitime, régulier et fort, est de fondre ensemble ces éléments indispensables à l'unité, à l'énergie de l'ensemble, et dont les affinités sont restées plus grandes que ne l'est leur force de répulsion.

Dans une ville du Midi, il vient de se passer un fait significatif. Une mascarade du carnaval représentait deux masques, l'un blanc, l'autre bleu, sur un tombereau. Ils avaient la corde au cou et sur le dos la date de 1852, écrite en *rouge*. On les a menés ainsi à la place d'exécution !

Voilà bien un avenir *identique* auquel répond forcément un intérêt présent *identique aussi.* Les gens qu'on veut tuer ensemble ont un moyen bien naturel de résistance : c'est de se mettre d'accord pour avoir plus de force. Ce n'est pas là de la politique de sentiment sans doute , mais c'est une des faces de la question qu'il faut avoir le sangfroid d'envisager, pour revenir après à l'étude de ce qu'il y a aussi d'élevé , de grand dans le rapprochement tenté entre les partis.

Quant à croire que l'on peut être exclusif parce que la raison, la justice, la morale trouveront, en dernière analyse, un appui irrésistible dans les masses, et qu'on doit compter sur elles pour le triomphe, nous ne le pouvons pas. Sans doute nulle part il n'y a encore plus de bons instincts , plus de nobles sentiments que dans le peuple , mais trop de gens s'appliquent à le pervertir ! Des deux doctrines qu'on lui prêche , l'une fructifie , l'autre est sans effet. Les bergers peuvent bien avoir soin du troupeau, lui donner les bons pâturages , aux heures choisies ; si les bouchers ouvrent la bergerie , laissent voir les herbes savoureuses couvertes de rosée , tout sortira,

Les chefs, la multitude et jusqu'au moindre agneau,

tout ira, bondissant, satisfaire ses appétits d'abord, sauf à tomber sous le couteau ensuite.

Pour mieux apprécier l'utilité qu'il y a à propager les pensées de concorde et de conciliation, nous supplions qu'on veuille se rappeler l'état des partis d'ordre la veille du 24 février. Est-il en France un seul homme doué d'un peu de sens qui voulût qu'on en revînt là? Une grande partie de nos forces étaient, sans que nous nous en doutions, dans les camps de l'anarchie, et nous avons vu, à la suite de cette alliance involontaire que la logique des choses avait amenée, une noble cité de 80 mille âmes, jadis maîtresse chez elle au moins, foulée par le pied dédaigneux d'un dictateur de hasard, qui en vint jusqu'à se tresser à lui-même une couronne des humiliations qu'il lui faisait subir.

La leçon fut bien vivement sentie alors. L'aurions-nous oubliée depuis?

Mais, nous dit-on peut-être, ce mot *Fusion* est bien vague; jusqu'où faut-il qu'aille la fusion? serait-ce jusqu'à la prolongation des pouvoirs présidentiels?

Bien imprudents ceux qui ne voient pas que la fusion est l'arme la plus puissante contre cette prolongation ! — Si d'ici à l'assemblée de révision la fusion est franchement consommée, il n'y aura pas prolongation ; *sinon elle est inévitable.*

Mais quelle part réservez-vous, nous dit-on maintenant, aux deux branches de la maison de Bourbon dans tout ceci ? Vous n'en avez pas parlé !

C'est que nous avons toujours pensé que cette question de la fusion ne serait résolue que par le pays lui-même ; que c'est la rapetisser et ne la point comprendre que d'admettre qu'il ne s'agit là que d'une convention politique, que d'un traité à faire entre deux partis. Tous les jours nous lisons des colonnes de journaux discutant la fusion au point de vue d'une transaction entre les deux branches royales qui se promettraient telle ou telle chose. Nous ne le comprenons pas, et nous avons la conviction que les Princes pour qui l'on voudrait stipuler ne le comprennent pas non plus. La France est en république ; elle y restera si elle se sent assez de vertu pour supporter cette forme de Gouvernement, ou assez de faiblesse pour n'en pouvoir sortir. Sinon elle reprendra la forme monarchique. Cette forme a des éléments qui ne sont pas douteux. Tous les sophismes du monde ne peuvent obscurcir d'une manière durable la pensée humaine sur un sujet étudié, sur un fait pratiqué depuis tant de siècles.

Ce qui constitue la monarchie, c'est, avant tout, le droit héréditaire, et ce droit n'existe que dans M. le comte de Chambord.

Ce sont donc surtout les *idées* des deux partis monarchiques qui doivent se fusionner, dans l'accord de l'ordre et de la liberté, pour qu'il en résulte un faisceau de volontés et d'intérêts à jamais invincible, et non pas seulement les deux branches d'une famille qui, *réunie*, exprime bien *ensemble* le droit monarchique, mais qui, *divisée*, laisse le droit *entier* sur la tête de celui qui en a momentanément le dépôt.

En dehors de lui, tout droit attribué à un autre membre de cette famille devient un droit révolutionnaire, comme le serait celui qui serait attribué à toute autre personne.

Aussi ne nous expliquons-nous pas, quant à nous, que le pays ait besoin de voir la fusion des deux familles pour consommer celle des partis. Ce qui ne veut pas dire que les princes d'Orléans n'aient rien à faire dans cette suprême occasion. La voie leur a été noblement et grandement ouverte; ils y sont entrés, nous n'en doutons pas; mais leurs partisans éclairés doivent les y précéder, *ou le césarisme sera inauguré en fait.*

La foi monarchique, efficace et sincère, est indépendante des personnes et soumise seulement au principe; le reste serait de l'inféodation.

Si on nous oppose d'autres difficultés, nous n'y répondons pas : l'homme qui écrit ne peut point compter sur le dernier mot. Il doit lui suffire d'avoir cherché en conscience le plus fécond et le plus utile pour le propager dans la mesure de ses forces. Pour nous, ce mot sacramentel et sauveur est : *Fusion!*

Toulouse, le 19 mars 1851.

LA FUSION.

I.

(31 Décembre 1850.)

*De l'action que doit exercer sur les partis conservateurs,
dans un pays bouleversé par les révolutions, l'accroissement successif des forces de la démagogie.*

L'horizon politique s'éclaircit un peu.

L'union semble se faire dans les régions élevées du
parti de l'ordre.

La logique le voulait, notre salut l'exige ; puissent-
ils avoir satisfaction tous deux !

Les intérêts divers ne sont-ils pas groupés en deux
camps seulement, et dans le nôtre, toutes les nuances
n'ont-elles pas de l'affinité entre elles ?

Au fond, n'en est-il pas de la politique comme de la
chimie, où certains éléments étant donnés et soumis à un
grand degré de chaleur, quelle que soit la force de
cohésion de leurs molécules, l'agrégation a lieu ?

Il faut qu'il en soit de même des éléments sociaux,

sous l'action ardente de la démagogie. Son intensité augmentant en proportion de leur résistance à se fondre ensemble pour le salut de tous , cette résistance doit céder ou la société périr.

Les opinions politiques ne sont, en dernière analyse , que la manière d'envisager les intérêts généraux dans leurs rapports avec l'intérêt particulier bien compris. Chez quelques peuples, elles revêtent et gardent des formes fixes , car ils ont conservé intacte leur foi politique , qui s'appuie alors sur les siècles et s'enveloppe dans la mystérieuse origine de la nation elle-même.

Chez les peuples révolutionnaires il en est autrement.

Là , les hommes d'élite, attachés et fidèles au principe fondamental de l'ancienne constitution du pays, ont pour premier mobile une préférence raisonnée de cette forme , préférence ordinairement justifiée par les événements; quant aux autres , s'ils sont conservateurs, toute constitution de pouvoir est pour eux une affaire de combinaison plus ou moins sage, plus ou moins bonne , mais qui ne peut jamais avoir la valeur d'un symbole absolu de leur croyance politique ; et cela est si vrai que chaque gouvernement les voit se rallier à lui, avec répugnance quelquefois , mais par une adhésion réelle pourtant ; et s'ils sont révolutionnaires, oh ! alors ils n'ont pas d'opinion, mais des appétits ; ils conspirent, puis conspirent de nouveau, contre tous les pouvoirs qui ne leur livrent pas l'argent qu'ils convoitent, les places dont ils veulent abuser.

Que doit-il donc se produire chez un peuple qui a été visité par l'esprit révolutionnaire, qui, après avoir,

pendant soixante ans, vécu de dissensions politiques,
sous le beau semblant d'améliorations successives,
après avoir sacrifié aux théories de liberté tout ce qui
lui semblait leur faire obstacle : son glorieux passé et
jusqu'à sa tradition de nation chrétienne, et se croyant
enfin au bout de son œuvre, voit les démagogues,
multipliés comme les insectes en Egypte, couvrant la
surface du pays et occupant villes, bourgades et campagnes, contempteurs de tout ce qui a été fait, attaquer
la société en plein soleil, et jurer sa destruction ?

Chez ce peuple, si l'heure dernière n'a pas sonné
pour lui, les éléments conservateurs épars se rappro-
cheront sans se fondre d'abord. Les hommes restés
fidèles à une forme de gouvernement longtemps éprou-
vée, la présenteront de nouveau, avec plus d'instance,
plus de confiance aux méditations de tous, comme un
port assuré et toujours ouvert contre des orages désormais impitoyables ; mais, dans cette lutte pacifique,
ils se montreront animés des sentiments de conciliation,
de patience et de respect pour la volonté générale, qui
sont la base même de l'ordre et la qualité la plus
essentielle du vrai citoyen. Les conservateurs, eux, se
subdiviseront : ceux qui vivent le plus par l'intelligence, dans la spéculation des idées, qui ont, dans
les diverses révolutions, recherché les solutions
possibles avant les avantages personnels, feront un
complet retour sur le passé et le jugeront avec une
impartiale philosophie ; ceux qui ont cédé davantage
aux séductions matérielles dans les phases des boule-
versements, et qui se sont attachés à leur fortune

3

politique pour elle-même, à la satisfaction illusoire de
leur amour-propre, dans la consolidation du pouvoir
qui paraissait leur garantir l'une et l'autre, se montreront plus difficiles, contesteront de mille manières la
valeur pratique d'un principe fixe, resteront sympathi-
ques pour tout ce qui, pouvant donner des garanties de
sécurité, s'éloignerait pourtant de ce principe autrefois
abandonné ; éclectiques, ils soutiendront encore qu'ils
ont le droit de choisir ce qui convient le mieux au
pays, qu'ils confondent trop, peut-être, avec leur
propre intérêt.

Mais leur patriotisme et cet intérêt même leur tien-
dront cette fois un langage qui les étonnera et qu'ils ne
voudraient pas comprendre. Hommes positifs, c'est en
vain qu'ils lutteront contre les conseils de leur raison ,
de leur amour du pays : tant qu'ils ont pu croire que
son progrès était intéressé, comme leur fortune, à la
pratique restreinte et habile de l'idée révolutionnaire,
ils ont pu essayer de faire une alliance entre elle et l'idée
conservatrice ; un divorce sanglant leur a répondu ,
et ils seront plus éloignés que personne de vouloir
subir les conséquences humiliantes de la défaite sans
nom dont aura été flétrie cette ère de prospérité maté-
rielle, de civilisation et de bien-être qu'ils avaient
crue inaugurée à jamais.

Peu à peu il s'établira en eux une sorte de dualisme
qui réagira sur leur conduite.

Ils s'étaient surtout rappelé d'abord ce qui les éloi-
gnait des hommes porteurs d'un principe ; ils étaient
amers dans leurs propos, blessants même dans leurs

discours; mais leurs propres réflexions les en blâmeront, et chaque jour en verra quelques-uns, parmi les plus distingués d'entre eux, atténuer, modifier procédés et langage, finir par admettre la possibilité, peut-être la nécessité d'un rapprochement complet avec ces hommes. Un terrain neutre s'offrira d'ailleurs à tous. Au milieu de périls si grands, personne ne pouvant vouloir imposer son idée, l'occupation des uns et des autres pourra être de combattre l'ennemi commun. On ne fait pas la guerre dans le même camp sans échanger bientôt les prévenances, les utiles services, une mutuelle estime; sans avoir en communauté une volonté et un but, ne fût-ce que pour les vingt-quatre heures qui suivent. — De là à ce qu'un effort puissant d'ensemble se produise et mette le sceau à l'alliance, il n'y a pas loin.

Si cet aperçu est juste, comment pourrait-il, dans son application à la France, recevoir de ce qui s'y passe, à l'heure où nous écrivons ces lignes, un démenti concluant? La réponse est simple : loin d'être en contradiction avec les faits, tous viennent témoigner de sa vérité. Nous croyons pouvoir le démontrer; nous croyons surtout qu'il y aurait utilité à le faire.

II.

(2 Janvier 1851.)

De l'action produite, en France, sur les partis conserva-
teurs, par le contact de la démagogie, depuis février
1848.

Rien n'est habituel comme d'entendre gémir de la
division profonde du parti de l'ordre. On se l'exagère,
et on l'exagère aux autres. Ce n'est même pas là un
mauvais symptôme : il montre le sentiment général qui
pousse les individualités à se grouper et à redouter leur
dissémination.

Le but à atteindre est d'ailleurs si élevé, si essentiel, qu'il n'y a pas de mal à y aspirer avec une ardeur
impatiente. Nous le faisons, quant à nous ; aussi
avons-nous souvent accordé une attention trop inquiète
aux nuages qui s'élèvent sur la situation et la rendent
plus confuse ; ce n'est que depuis que la nécessité, avec
son clair flambeau, est venue, plusieurs fois, rendre sa
place à la logique, leur intelligence et leurs yeux aux
individus et aux partis, que nous avons su comprendre
que si les calculs égoïstes, les fausses directions, les
funestes tentatives sont le danger des ténèbres, au jour
l'on retrouve pourtant la bonne voie.

L'étude rapide de ce qui s'est passé depuis février 1848 est ici nécessaire pour juger si nous nous trompons : dans la séance de la chambre où le sort de la monarchie de juillet se décide, des légitimistes semblent reconnaître au peuple de Paris le droit de faire une nouvelle révolution, sauf au peuple de la France à la ratifier ou à la transformer, et admettre ainsi la violence à intervenir dans les questions de souveraineté et de gouvernement ; ils semblent oublier que le principe qu'ils aiment et qu'ils veulent servir impose avant tout le respect extérieur des pouvoirs qui ont longtemps vécu par l'ordre et par les lois ; ils ne protestent pas uniquement en faveur de la dynastie jadis condamnée à l'exil par une folle révolution, mais ils donnent, jusqu'à un certain point, leur concours à un denoûment qu'ils croient réparateur et qui n'est qu'un nouvel accès de la fièvre démagogique : hommes de courage, et d'une foi politique ardente, ils se montrent des plus intrépides dans cette tempête qui accumule les ruines sur les ruines, et, ne voyant que la reconstruction future, ils donnent presque la main aux démolisseurs.

Ce n'est là que le commencement de la scission profonde qui s'établit dès lors entre les divers partis monarchiques. La forme républicaine ne rencontre qu'une faible répugnance chez des hommes qui, de tout temps, se sont montrés le plus attachés à la forme de gouvernement opposée. Les principes de liberté qui sont proclamés les séduisent à ce point qu'ils voient dans leur application, désormais sincère, croient-ils, une compensation à l'impossibilité d'un retour prochain au droit monarchique véritable ; l'essentiel pour eux , d'ailleurs , n'était-il pas que justice fût faite des usurpateurs !

Ce sentiment, il est vrai , ne fut pas celui de tous les légitimistes : beaucoup comprirent que cette revanche n'était pas un mouvement de réparation , mais un élan violent et terrible vers la dissolution sociale elle-même. Tel qu'il se produisit pourtant , quoique partiel , quoique toujours revêtu de formes convenables , il suffit pour faire germer de vives animosités dans le cœur des hommes attachés au gouvernement de juillet.

Leur amour-propre , leurs affections , leurs intérêts étaient mis à une rude épreuve , et il est facile de se rendre compte de ce qui se passait en eux. « Comment , disaient-ils (ce sont les orléanistes qui parlent) , ceux qui proclament depuis dix-huit ans que la souveraineté ne se transmet pas par les révolutions , mais par la seule hérédité , dans une famille qui en a reçu la charge et le dépôt , applaudissent et acceptent une révolution qui désarme tous les pouvoirs et humilie notre brave armée elle-même , ceux qui vivent politiquement d'un principe , à les en croire , infaillible contre l'esprit d'anarchie , se font , à l'heure qui leur convient , les hommes des ressentiments et des rancunes , et approuvent l'émeute lorsqu'elle renverse leurs adversaires ! C'est là de la démagogie blanche ! » — Ils oubliaient , eux , que cette monarchie qu'ils regrettaient , avait été fondée et inaugurée par une comédie de quinze ans , par la Marseillaise et la Parisienne , par l'émeute , hurlant autour d'une Chambre mutilée où deux cent dix-neuf individus , sans mandat mais non sans peur , donnèrent la couronne, et ils s'étonnaient trop d'injustices qui n'étaient que la bien pâle contre-partie de leurs injustices d'autrefois.

Il est des questions fatalement posées. Telles furent celles que 1830 et 1848 ont résolues. Les hommes ne sont pas des êtres mathématiques, mais des êtres passionnés que la raison abandonne dans les moments où elle leur serait le plus nécessaire.

A la suite de ces faits, il était inévitable que les éléments les plus ardents des deux partis monarchiques se posassent en ennemis, et il était sûr que leur animosité, l'un contre l'autre, croîtrait d'abord chaque jour.

Mais les événements marchaient. — Les citoyens Louis Blanc, Barbès, Blanqui, s'avançaient en échelon pour greffer, avec le triangle sanglant, l'arbre de la liberté que M. de Lamartine avait vu, en rêve, greffé de sa main d'aristocrate et de poëte, et nous avait chanté de sa voix de sirène.

Les journées d'avril dessillèrent quelques yeux et réunirent dans les mêmes rangs des hommes qui croyaient avoir des intérêts opposés. L'Assemblée nationale, expression exacte de la confusion où étaient encore les esprits, n'évita pas la faute de nommer la commission exécutive : cela nous valut le 15 mai, les ateliers nationaux et les journées de juin ! — Là toutes les illusions tombèrent et à cette lugubre date remonte le travail de rapprochement des partis.

Le 10 décembre en fut le premier symptôme éclatant. Le nom qui sortit du scrutin avec l'unanimité des votes conservateurs exprima officiellement leur fusion ce jour-là. Le Président ne s'y trompa pas : il voulut que le ministère fût l'expression de la pensée qui avait produit son élection même, et que chaque nuance du parti modéré y eût son représentant.

Bientôt après, les élections de l'Assemblée législative indiquèrent dans quelle mesure ces diverses nuances avaient contribué à ce premier acte d'un parti désormais puissant, qui allait prendre le nom de grand parti de l'ordre, et qui renferme dans son sein tous les éléments de gouvernement modéré qui existent en France, depuis le Président jusqu'au républicain sincère, s'il en est encore sans fanatisme.

A partir de la réunion de l'Assemblée législative on peut dire que tous les faits qui comptent dans notre vie politique ont été produits par l'esprit de fusion, non des deux branches royales, mais des partis modérés qui, en définitive, ont à décider de la question.

Malgré les résistances, malgré les volontés particulières, ou même celles des fractions de parti, malgré les ambitions sollicitées et exaltées, cette pensée féconde a tout réglé, tout décidé en dernier ressort. Des tiraillements se sont produits ; des discussions se sont élevées ; le secret des cœurs n'a pas été gardé ; les journaax ont donné carrière à toutes leurs passions de coterie ; les couloirs de l'Assemblée, les antichambres de l'Élysée ont entendu les propos les plus indiscrets, les plus envenimés ; mais ce n'est pas là que se manifeste la volonté de la France qui sait se faire jour dans les actes officiels des pouvoirs qui représentent le pays.

L'attitude de la majorité de l'Assemblée dans les

questions gouvernementales , les deux messages du Président, le renvoi d'un ministre brouillon , la haute confiance accordée à un illustre général (1) , le rapport de M. de Rémusat et le vote qui l'a suivi , le retrait de la proposition-Creton , voilà ce qu'il faut considérer , si l'on veut juger du mouvement qui se produit , le suivre , et reconnaître que l'accroissement des forces de la démagogie a réellement exercé dans les hautes sphères des partis conservateurs l'action de rapprochement et de fusion qui est seule logique , seule désirable.

III.

(4 Janvier 1851.)

Des obstacles qui retardent le mouvement de Fusion qui s'opère en France, dans les partis conservateurs , en présence de la démagogie envahissante.

Si ce mouvement que nous constatons était général , et qu'il s'étendît des régions élevées à toutes les autres , il n'y aurait qu'à s'en féliciter et à jouir des biens qui

---

(1) Depuis, ce général a été destitué dans les circonstances les plus graves ; depuis, bien d'autres échecs à l'union ont eu lieu. Mais les conséquences n'en ont pas été aussi funestes qu'on aurait pu le craindre : d'une situation d'antagonisme visible, entre le Président et l'Assemblée, il n'est pas résulté de conflit définitif. C'est que ce qui domine tout le monde est l'impérieuse nécessité , qui, *avec son clair flambeau*, vient rendre de l'intelligence et des yeux aux personnes et aux partis, et qui, à la fin, les leur ouvrira complétement !

en découleraient. Mais les causes qui amoindrissent les effets des conseils que donnent, si hautement, l'intérêt public, la logique et la conscience des individus, sont nombreuses.

On peut dire que la première et la plus puissante de toutes est l'absence presque complète de l'esprit politique dans la nation française. Elle a les autres, celui-là lui manque.

Tout le monde, ou presque tout le monde, y raisonne à son point de vue exclusif, ou, ce qui revient au même, au point de vue de la classe dans laquelle chacun se retranche et se fortifie contre les prétentions ou les ambitions qu'il suppose ailleurs. On peut même dire que ce sont surtout les gens qui proclament avec affectation, mais avec assez de justesse, qu'il n'y a plus de classes, qui voient tout à travers la préoccupation d'un classement arbitraire qui n'existe que dans leurs préjugés.

Quant à comprendre, comme le font des peuples plus heureux, qu'il n'y a dans la politique d'autre science que le judicieux emploi des forces, des intelligences, des richesses, des vertus qui se peuvent trouver dans la nation, et à son profit, c'est-à-dire pour le bien de tous les individus qui la composent, et que c'est là la seule route qui puisse mener les peuples à la grandeur et les particuliers à la fortune ou au bien-être, très-peu de gens le comprennent.

Certes, il est naturel que ceux qui se sont, ici-bas, fait les sujets de l'esprit du mal, et qui continuent la révolte de l'homme contre Dieu, n'acceptent que des lois fondées sur les satisfactions immédiates et personnelles ; mais on ne peut expliquer qu'ils s'abandonnent aussi à un imprévoyant égoïsme, ceux dont la tranquillité, la fortune, la liberté, la famille, la religion même dépend du maintien des lois qui font l'équilibre du monde.

Dès que dans un peuple la haine de ce qui n'est pas soi a remplacé chez chacun le juste sentiment de ce que l'on vaut, tout en étant autre, les questions de personnes dominent les questions de principes ; de cette sorte, il doit arriver un moment où l'intérêt et l'honneur du pays exigeant l'accord des personnes, leur séparation amène sa ruine et son déshonneur.

Nous savons bien que poser sur *la raison* la donnée des problèmes humains, alors que le mobile général est, comme nous le reconnaissions plus haut, *la passion*, c'est prendre rang parmi les idéologues ; aussi ne le faisons-nous pas. C'est aux intérêts que nous adressons un appel ; aux intérêts les plus palpables, mis en lumière par les réflexions que publient chaque jour des hommes de talent et d'expérience ; aux intérêts déjà guidés dans la route qu'ils doivent prendre, par des exemples que nous ne saurions trop étudier.

Nous avons tous à chercher l'application vraie de cette belle parole prononcée par une voix loyale :

> *Huc vertite proram,*
> *O socii!....*

Les légitimistes doivent en chercher le sens comme les conservateurs, comme les républicains de bonne foi.

Il faut que les premiers admettent que parmi leurs adversaires politiques beaucoup ont agi par conviction, qu'ils ont cru être utiles au pays et, en premier lieu, au roi qui se trompait, lorsqu'ils ont combattu, sous la restauration, le gouvernement dont ils ont amené la chute; et même qu'ils ont voulu, plus tard, lorsqu'ils ont sacrifié le roi, atténuer le mal immense que la révolution produisait, et sauver du moins la royauté, croyant pouvoir séparer le Dieu du prêtre : faux calcul qu'un exemple historique mal observé leur inspirait pour le malheur de la France.

L'application mise autrefois *à se souvenir*, les légitimistes doivent l'apporter *à oublier*, et servir leur cause en ouvrant leurs rangs, après l'avoir longuement servie en les gardant immobiles et serrés.

Quant aux conservateurs, ce n'est pas à nous à leur expliquer ce qu'ils doivent comprendre par des paroles qui leur ont été adressées directement avec ce commentaire :

« Je dis à mes amis de toutes les nuances que le jour
» où ils seront maîtres de se fixer quelque part, ils
» feront bien de tourner la voile du côté de la légiti-
» mité; car, là seulement, à mon avis, ils trouveront
» ce qu'ils cherchent si péniblement et si infructueuse-
» ment depuis soixante ans : une tranquillité honora-
» ble, — *otium cum dignitate ;* ce qui comprend tout,
» l'ordre et la liberté, l'honneur et l'honnêteté, toutes
» choses qu'un gouvernement fort et solide peut seul
» donner....... J'ajouterai que celui qui leur parle
» n'est pas un intéressé, ni un noble, ni un fils des

» croisés....... *c'est un orléaniste fils d'un bonapar-*
» *tiste*, à qui sa conscience ne permet pas de dire qu'il
» s'est *converti à rien.......*

   » J'ai fait ce que j'ai pu dans la faible mesure de mes
» forces pour payer ma dette à la famille d'Orléans et à
» celle de Napoléon : l'intérêt du pays me le permettait.
» *Je ne crois pas qu'il me permette d'aller plus loin*
» *désormais dans cette voie.* Voilà pourquoi j'en si-
» gnale une autre....... (1) »

   — Il nous semble impossible qu'on méconnaisse dans
ce langage la vérité qui y étincelle. —

   Et les républicains sincères qui poursuivent dans leur
idée la réalisation du gouvernement *de tous pour tous,*
c'est-à-dire du gouvernement qui résumerait la plus
grande somme d'égalité des droits, de respect des personnes et des opinions, de liberté dans la famille, dans la
commune et dans les départements ; qui amènerait l'entière simplification des rouages de l'Etat pour arriver à
la réduction extrême des places et des impôts, en laissant tout à faire à la famille et à l'individu, dont la mo-
ralité et l'éducation équivaudraient à la tutelle exercée
ailleurs par les pouvoirs publics ; du gouvernement enfin, où l'égalité des richesses faisant l'excellence de
l'Etat, il suit que moins il y a de luxe, plus ce gouvernement est parfait, — car à mesure que le luxe s'établit dans une république, l'esprit se tourne vers l'intérêt
particulier, et cette forme de gouvernement n'est possi-

____

(1) Lettre de M. Vesin, Représentant du Peuple, au Rédacteur
de l'*Echo de l'Aveyron.*

ble que lorsque l'intérêt général est la passion domi-nante de tous les citoyens , — les républicains sincères, disons-nous, n'ont-ils pas aussi à réfléchir à ce conseil : *hùc vertite proram*, après l'expérience faite d'une ré-publique violente, dissipatrice, vaniteuse, incapable et impure, d'une république de *quelques-uns contre tous*, qui avait à jamais conduit le pays à la ruine et au des-potisme, s'il n'avait pris refuge chez les hommes qui ne sont pas républicains? de sorte que la république ne vit que parce que des royalistes la gouvernent.

Croient-ils encore , à l'époque du monde où nous sommes, alors que toutes les industries et tous les arts touchent à la perfection, et que les entrailles de la terre abandonnent avec prodigalité aux hommes les pré-cieux filons qu'ils n'avaient pu jusqu'aujourd'hui qu'ef-fleurer, pour que le bien-être et même un luxe relatif arrivent à toutes les classes de la société, qu'une forme de gouvernement qui doit indubitablement périr par le luxe soit la bonne ; et, s'ils ne le croient pas, ne doi-vent-ils point mettre le cap sur un autre rivage ?

Nous n'avons rien à dire aux hommes sans drapeau qui sont prêts à revêtir en esclaves la livrée d'un public qu'ils se vantent de mépriser, prêts à servir les vices qu'ils supposent endémiques ou même simplement à la mode. Ceux-là veulent de *l'ère des Césars !* Mais la grande moitié de la nation est chrétienne et ne peut adorer que Dieu : or , le *césarisme* c'est l'adoration d'un homme ! Le reste de la nation est socialiste ou communiste ; personne ne veut y diviniser *autrui* et chacun s'y adore *soi-même : Homo sibi Deus* est là le symbole de tous. Entre ces deux extrêmes, il n'y a pas de place pour les Césars ; mais il y a quelquefois place pour un homme providentiel.

Ces prophètes du mal ne le comprennent pas. Nous n'espérons guère leur conversion ; l'esprit politique leur manque plus qu'aux autres ; et ce n'est que par lui que nous pourrons tous, conservateurs, légitimistes, républicains modérés, adorateurs du fait, avancer dans la voie de la fusion des partis, seul passage menant à la porte d'ivoire qui renferme la vérité.

IV.

(7 Janvier 1851.)

En présence de la démagogie, la Fusion durable, efficace,
ne se peut faire qu'au nom d'un principe.

Nous désirons être compris. Ce n'est pas, on a déjà pu le remarquer, dans un esprit de prosélytisme intolérant que nous voudrions voir rassemblés, réunis, tous les éléments de la stabilité et de l'ordre dans l'Etat. Mais si nous nous sentons impartial, nous voulons aussi rester d'accord avec notre raison, et rechercher soigneusement les conditions essentielles de l'œuvre qui a tout notre zèle et tous nos vœux.

La fusion, voilà le principe ! L'acceptation du passé de tous les partis modérés ; l'aveu que tous ont fait des

fautes et que tous ont voulu le bien de la France ; l'u-
nion et l'accord actuels dans la défense commune, la
loyauté des procédés durant ce temps : voilà les moyens !

Mais ils ne suffiraient pas : il faut, avant de bâtir
l'édifice qui doit abriter ceux qui y travaillent, s'entendre sur ce qui en peut faire la solidité, sur ce qui en
peut rendre le séjour honorable pour tous.

En comprenant la fusion comme nous l'avons fait dans
cet écrit, nous n'avons pas voulu, à la faveur d'un pré-
texte, entreprendre le plaidoyer de nos vieilles convic-
tions politiques. S'il ne nous avait semblé certain que
tout homme impartial et intelligent, qui étudierait cette
question de la fusion des partis modérés en présence de la
démagogie envahissante, arriverait, par la logique, à
la même conclusion que nous, — comme on arrive, par
la géométrie, à la même solution d'un problème, — nous
nous serions tu.

L'humiliation ou même simplement le repentir d'un
des partis appelés à la fusion serait une condition impossible que nous sommes loin de rechercher ; et nous
savons que la conscience de beaucoup de nos anciens
adversaires ne leur permet pas de dire *qu'ils se sont
convertis à rien.*

Mais la vérité est à tout le monde ; en y revenant on
reprend son propre domaine.

Elle n'est pas plus à ceux qui ne l'ont jamais aban-
donnée qu'à ceux qui n'y croyaient pas hier et qui la
voient aujourd'hui.

La soumission à la vérité est comme la soumission à
la loi : elle n'humilie jamais personne.

Dans la politique, les lois sont les principes.

Si la fusion se faisait au nom d'un principe, la dignité de tous les partis serait sauvegardée.

Il n'en serait pas de même dans le cas contraire.

Il y a deux principes politiques : le monarchique et le républicain. La fusion se peut donc faire dans la république ou dans la monarchie.

Si la république n'est pas applicable à la France, il reste la monarchie. La monarchie vraie est celle qui est établie sur le droit entier, dans laquelle il n'y a plus ni vainqueurs ni vaincus, et s'appelle la monarchie légitime.

Un roi légitime est le roi de tous; un roi quasi-légitime est le roi de quelques-uns.

Des historiens ont nommé Henri IV ingrat, parce qu'il n'avait pas, une fois sur le trône, fait de différence entre ses partisans et ses anciens adversaires. Ce reproche est injuste : sous un roi légitime, le droit de chacun est représenté par celui du roi lui-même, qui n'est autre chose que la figure symbolique de la société. Tous les citoyens sont égaux devant lui, comme devant la loi. Tous sont inégaux dès que l'usurpation règne; car chacun alors prend rang dans la lutte des partis, qui se composent toujours de chefs, d'officiers et de soldats.

Tout le monde a donc un titre égal à l'appui d'un gouvernement légitime. Henri IV, oubliant les griefs du roi de Navarre, Louis XII ceux du duc d'Orléans, étaient de vrais rois.

Les deux restaurations de 1814 et 1815 n'ont été que des phases de nos discordes politiques; la paix entre les partis n'y était qu'apparente. Cependant l'oubli du passé, l'impartialité dans le présent, furent essayés en 1814, et ce ne fut qu'en présence des conspirations et des révoltes nouvelles que les choses changèrent.

Cette situation simple et vraie d'un roi légitime à l'égard des citoyens, ceux-ci l'ont à l'égard de son gouvernement. Personne dans l'Etat n'est dans une position fausse; personne n'a à s'y tenir à l'écart, et cela est si réel, que tous les chefs de l'opposition qui renversa la légitimité, s'appuyèrent toujours, dans tous leurs actes, sur leur profond attachement à la royauté et à la charte.

Le général Lamarque, écrivant au préfet des Landes, en 1827, pour réclamer contre la préférence que l'administration accordait à la candidature de M. du Lyon sur la sienne, s'écriait : *Le drapeau blanc ne flotte-t-il pas sur ma tête comme sur celle de M. du Lyon ?* Et il faisait imprimer sa lettre.

Nous le demandons, la position était-elle identique pour les légitimistes sous le règne de Louis-Philippe? Ce grand parti dont M. Guizot, alors ministre, énumérait à la tribune, dans un magnifique langage, les mérites, les ressources, en déplorant son abstention, qui laissait la monarchie nouvelle sans base solide, n'est-il pas resté jusqu'à la fin en dehors de la monarchie de juillet?

Entre une fusion qui réunirait à jamais honorablement, logiquement tous les éléments monarchiques, et une fusion éphémère d'éléments quasi-monarchiques, et de certains éléments révolutionnaires, se combinant pour faire triompher, par une intrigue, une usurpation nouvelle, en laissant à l'écart les principes monarchiques les plus puissants, qui pourrait hésiter ?

Hésiter entre une fusion qui établirait tous les gens honnêtes et paisibles dans un vaste édifice, où règneraient la sécurité et le travail, dans lequel les survenants seraient accueillis comme l'enfant prodigue et l'ouvrier de la dernière heure, et une fusion qui laisserait toute une tribu de frères au pied des murailles, et campée forcément parmi les ennemis ?

Pas un seul homme intelligent et impartial ! Ainsi, répétons-le : La légitimité est un principe ; la république est un principe : en présence de la démagogie, la fusion durable ne se peut faire que dans la légitimité ou dans la république.

<hr>

V.

(23 Janvier 1851.)

L'accroissement des forces de la démagogie, dans un État, a des causes particulières que les partis conservateurs doivent étudier.

Nous avons commencé cet écrit par ces mots : « L'horizon politique s'éclaircit un peu. » Et voilà que des nuées nouvelles se sont élevées, que tout se trouble dans l'atmosphère alourdie, et qu'au bruit qu'on entend, il faut prévoir les orages !

Fusion ! Union ! Ce sont des mots sans valeur, va-t-on nous dire ; et vous faites là un hors-d'œuvre. — Nous ne le pensons pas.

Il dépend des partis modérés d'avoir raison contre tout le monde. Rien ne prévaudra contre leur volonté, si elle est ferme et juste ; cette volonté prenant pour point d'appui le gouvernement parlementaire, qui ne peut plus périr en France, ne trouvera pas d'obstacles invincibles.

Nous achevons donc cette étude comme si le calme durait.

Ce qui la rendra plus utile, ce sera la réflexion que l'on fera non-seulement sur les dissensions et les rapprochements des partis conservateurs, mais encore sur les causes de leur puissance dans l'Etat et sur celles de leur faiblesse.

Bossuet l'a dit : Le cours des choses humaines a sa suite et ses proportions. C'est-à-dire que les nations, les partis et les individus décident eux-mêmes de leurs succès ou de leurs revers, et qu'à la réserve de certains événements où Dieu veut intervenir d'une manière visible, il n'arrive pas de grand changement qui n'ait ses causes dans les faits qui ont précédé.

La vraie science de la politique est de remarquer à chaque époque ces secrètes dispositions qui ont préparé et amené ces grands changements.

La force des éléments sociaux en France avait été puisée dans l'esprit chrétien et dans l'esprit monarchique ; cela est facile à reconnaître.

Il est aisé aussi de voir que ce qui a divisé la nation

et porté atteinte aux principes de durée qui était en elle, c'est premièrement l'esprit voltairien qui avait inauguré la doctrine du mépris, de l'égoïsme et de la jouissance ; que c'est secondement, et comme conséquence nécessaire, la contention entre les classes supérieures et les classes moyennes, qui amena une haine mutuelle des unes envers les autres.

L'esprit voltairien aujourd'hui a fait son temps. Il est jugé par tous les hommes qui réfléchissent. Ceux qui en étaient imbus ont goûté des fruits que son application à l'éducation des masses a donnés, et les ont trouvés amers ; ils comprennent que le sardonique maître s'est moqué de nous, comme de nos pères, en nous léguant la doctrine qu'il leur avait professée. Ils n'en veulent donc plus.

L'esprit de contention entre les classes dure malheureusement encore. Il serait sage, après soixante ans d'épreuves et de luttes, d'examiner avec sang-froid s'il y a une raison suffisante à cette division.

D'abord, y a-t-il des classes distinctes dans la société française moderne ? y a-t-il une bourgeoisie ? y a-t-il une noblesse ?

Nous répondrons sans hésiter : Non !

Non ; car une noblesse n'existe dans un état que si elle forme un corps, ayant un pouvoir politique intermédiaire ou une juridiction patrimoniale. Une bourgeoisie doit aussi former un corps qui a ses franchises et ses priviléges.

La noblesse, la bourgeoisie françaises sont désormais du domaine de l'histoire.

Mais il y a une aristocratie, composée de tout ce qui se distingue par l'éducation, la famille, la science, la fortune ou les emplois ; cette aristocratie a sa place dans une république comme dans une monarchie, et subsistera chez tous les peuples civilisés jusqu'à ce que la barbarie les ait envahis ; car elle est le produit naturel et incessant de la nation elle-même, comme la grappe est le produit de la souche, ou l'épi celui de la tige.

La lutte entre elle et le reste de la nation ce n'est pas la guerre entre les classes, *puisqu'il n'y a pas de classes*, mais la guerre entre l'éducation et la grossièreté, la vertu et le vice, la science et l'abrutissement, le crime et la loi, entre les appétits vulgaires et les nobles instincts.

Faut-il favoriser cette lutte en affublant les partis de noms surannés qui ne répondent plus à rien ? Voilà toute la question.

Mais on nous dit : Vous niez qu'il y ait une noblesse, et cependant il y a des gens qui sont nobles, il y a des gens qui portent des titres !

Oui, il y a des gens qui appartiennent à des familles nobles, et c'est tout simple, puisque nous vivons dans un pays qui date de quatorze siècles, et que dans ce pays il y a eu une noblesse dont l'histoire se confond à chaque page avec la sienne. Que faire à cela, et quel inconvénient y trouvez-vous, si ces familles n'ont aucun privilége ?

Oui, il y a des gens qui portent des titres ; mais chez certains, c'est une habitude héréditaire ; chez d'autres, le prix de services personnels rendus à l'Etat : ce n'est d'ailleurs plus un privilége, il y a déjà bien longtemps, mais une inoffensive satisfaction que tout le monde peut se donner. Cela ne nuit à personne, et si ceux qui conservent ou prennent des titres sont ainsi moins désireux de places rétribuées, et se satisfont à si bon marché pour l'Etat, il faudrait peut-être leur savoir gré de laisser le chemin libre aux solliciteurs innombrables qui restent encore, eux mis à part.

En résumé, nous constatons qu'il n'y a plus de *classes* en France, mais que la nation produit et renouvelle sans cesse une nombreuse phalange qui se recrute parmi ce qu'elle a de distingué en tout genre, et qui marche à sa tête. Nous constatons que toute lutte entre cette sorte d'aristocratie et le reste de la nation, est impie, et n'a d'autre but aujourd'hui que le partage des biens, c'est-à-dire la ruine de tous, des ouvriers comme des propriétaires.

Nous ajoutons qu'il faut que les membres *honorables* des anciennes familles comptent dans cette phalange ; car ils y apportent l'esprit de conservation, de respect, de désintéressement qui est traditionnel chez eux, et qui, dans la politique, est plus essentiel que le talent et que la science. Vieilles médailles encore curieuses pour les numismates, ce n'est pas à leur effigie que le public doit faire attention, mais au titre de leur métal, *s'il est pur*.

Que le peuple ne craigne jamais de voir intervenir les hommes des traditions dans la politique. Le talent peut leur manquer, mais ils ont en eux bien mieux que le talent : ils ne sont pas des gens d'affaires ! Ce sont ceux-ci que le peuple doit redouter, dit Montesquieu (1). Quant à ceux-là, ils serviraient de lest au navire qui nous porte tous sur les mers inconnues où nous sommes ; ils assureraient sa marche , et lui feraient peut-être trouver un solide rivage parmi tant de brumeux horizons.

Nous disons ces choses sans embarras, tout simplement , ce qui rend le tact plus sûr. Nous les disons parce que le moment de tout dire est venu , et qu'il ne suffit pas de se rapprocher dans le péril commun , en gardant pour plus tard les vieilles haines et les vieilles préventions. Ce ne serait là qu'une vulgaire sagesse. Il faut remonter à l'origine même des discordes qui ont tout perdu et les juger.

Les démagogues seuls sont intéressés à la continuation des erreurs qui ont fait le mal. Que le bon sens, uni au patriotisme, vienne en aide à toutes les fractions du parti de l'ordre pour vaincre leurs parricides efforts. De ce moment, notre marche sera tranquille ; et la nation, après tant de troubles, comme l'armée de Germanicus chez les Marses , rassurée par ce qu'elle est , oubliant ce qu'elle a été , aura conquis le repos.

---

(1) Montesquieu entend par ce mot les habitués de la rue Quincampoix, les agioteurs : nous l'entendons comme lui. Aujourd'hui , dans l'acception usuelle, *homme d affaires* est pris en bonne part et s'applique aux fonctions les plus utiles et les plus honorables.

VI.

(25 Janvier 1851.)

La Fusion des partis modérés peut seule assurer le bien-être
du peuple et la liberté de toute la nation.

Nous terminerons aujourd'hui notre étude en tâchant
de la résumer.

Les ressources de la France sont infinies. Les épreuves
qui lui ont été imposées par les fautes, les folies (1)
commises autrefois par la noblesse, puis par la bourgeoisie, plus récemment par toutes deux formant ensemble cette aristocratie dont nous venons de parler,
ont retardé le progrès et le développement des richesses
de notre sol et de notre industrie ; mais l'élan des in-

____

(1) J'avais écrit ici, de premier jet, « les folies, *les crimes* de la
noblesse.» Si les épreuves de cet article m'étaient arrivées, je n'au-
rais pas laissé cette expression, dans la crainte qu'on ne comprit
pas que je parlais dans un sens philosophique et général, dans un
sens analytique et non synthétique..... La noblesse en corps, pas
plus que la bourgeoisie en corps, n'a commis de crimes, et
l'accusation était si large qu'elle devenait nécessairement vague
et indéterminée Il était difficile d'y voir autre chose qu'une de
ces hyperboles qu'une rédaction trop rapide produit. Qu'il me
soit permis de dire, puisqu'il le faut, que les mœurs pures, les
austères vertus de l'ancienne bourgeoisie ont tout mon respect ;
que les services, les dévouements, l'héroïsme dont le souvenir
surgit au seul nom de la noblesse française, auraient en moi un culte
de famille si, avant tout, ils n'avaient mon culte patriotique !

telligences vers les améliorations matérielles a été plus fort que les obstacles nés de nos malheurs.

Sans eux, il est certain cependant que la situation générale de la nation serait toute différente. Des esprits irréfléchis ou passionnés peuvent bien attribuer à ce qu'ils nomment les conquêtes de la révolution, les améliorations dues au perfectionnement des sciences et de l'industrie; mais ils se trompent.

Nos troubles n'ont servi que les ambitions particulières; l'ensemble de la nation en a profondément souffert.

Il serait souverainement injuste ou très-ignorant de vouloir mettre en contradiction la royauté et les progrès de l'esprit humain. Si, depuis soixante ans qu'a commencé le divorce entre elle et la nation, ces progrès, sous plusieurs rapports, sont supérieurs à ceux faits plus anciennement, c'est que leur heure, dans la succession des conquêtes de la science, était venue; et, loin que les révolutions aient aidé à cet avancement dans le domaine intellectuel, on peut affirmer qu'il aurait été plus rapide sous la logique et naturelle constitution française, qui est la monarchie héréditaire.

Le germe de certaines améliorations ou de certaines découvertes, fécondé par le temps, se développe et fructifie à l'époque fixée par la Providence; les circonstances politiques retardent, amoindrissent les bienfaits que l'humanité doit en retirer, mais ne peuvent très-heureusement les annuler entièrement : Dieu n'a pas voulu donner une aussi funeste puissance à l'homme, il en aurait trop abusé.

Un exemple saisissant de ceci peut se prendre dans les malheureux règnes de François II, de Charles IX et de Henri III. L'anarchie et le fanatisme se disputent cette triste période. Qui n'eût cru alors tout perdu ? Et c'est pourtant à ces mauvais jours que remontent ces lois admirables dont la simplicité noble peut marcher à côté des lois romaines ; « ces édits qui, par leur sage prévoyance, dit le judicieux Hénault, embrassent l'avenir comme le présent, et sont devenus depuis une source féconde où l'on a puisé la décision des cas mêmes qu'ils n'ont pas prévus. » De sorte, que ce sont les lois rendues sous des règnes faibles et mauvais qui ont en elles à un haut degré la force et la sagesse réunies. Seulement, dans des temps meilleurs, d'immenses résultats auraient découlé de ces lois qui ne purent alors qu'atténuer les maux de l'anarchie et du fanatisme.

Cette observation peut servir à l'intelligence de ce qui s'est passé chez nous depuis nos dissensions. Elles ont paralysé, sans pourtant les anéantir, les avantages que le progrès des sciences naturelles et d'économie politique, qui était réservé à notre siècle, devait assurer à la nation, et surtout à la partie pauvre de la nation.

Que l'on veuille bien se demander quelle serait la situation de la France, si elle avait évité les révolutions de 1815, 1830 et 1848 ; évité la seconde invasion, les contributions de guerre qu'elle a amenées, les dépenses sans arrêt et sans mesure qui suivirent les événements de juillet et de février ; la création de tant places rétribuées, qui ont servi de monnaie aux pouvoirs nouveaux, pour payer les soldats de la révolution victorieuse ; évité ainsi un budget double et triple de ce qu'il devrait et pourrait être ; et l'on pensera, sans témérité, que notre pays serait le plus riche et le plus puissant du monde.

Eh bien ! la fusion sincère des partis modérés, au nom d'une idée féconde, peut encore amener notre entière et complète prospérité.

Si l'on admet cet axiome (et comment s'y refuser ?) qu'une nation est un être collectif dont toutes les fractions profitent ou souffrent de l'augmentation ou de la diminution de son revenu général, on devra admettre aussi qu'en la scindant, qu'en opposant ses diverses parties l'une à l'autre, on appauvrit inévitablement le peuple, car ses ressources sont toujours puisées dans la fortune générale qui est la sienne surtout, puisqu'il n'en a pas d'autre, et qui ne peut lui suffire, que si toutes les forces vives du pays sont employées à la développer.

Ce développement n'est possible que si les capitaux, les intelligences, les lois, les mœurs de la nation le favorisent. Il est dans les Etats, comme dans les existences particulières, des dépenses improductives, d'autres productives. Les premières font la ruine des nations, les secondes leur fortune.

Les armées très-nombreuses, l'exagération des emplois, le luxe et l'embellissement outrés des capitales, une direction trop prononcée de l'éducation publique vers des études sans application possible dans la vie privée ; les corps savants à la charge de l'Etat et exécutant les travaux qui devraient être livrés à la concurrence civile ; la centralisation administrative, intellectuelle et financière, l'action trop prépondérante dans l'Etat des banquiers et des hommes de finance : toutes ces choses constituent ou amènent les dépenses improductives.

L'agriculture et ses perfectionnements, le développement *entier et parfait*, sur *tout le sol cultivable*, des travaux les plus avancés et les plus économiques, l'affranchissement de la production territoriale, les encouragements à l'industrie, le mouvement procuré au commerce, en un mot, l'application à ces mamelles de l'Etat *des premières* ressources en bras et en capitaux, ce sont là les avances reproductives.

Elles ne sont faisables, dans la mesure qui serait nécessaire, que si le gouvernement renonce d'abord aux autres, car celles-ci s'opposent à celles-là ; tandis, au contraire, que si l'on commence par les dépenses reproductives, toutes les autres deviennent possibles.

Il est évident que la fusion des partis peut seule donner à l'Etat la faculté d'entrer dans cette voie réparatrice ; seule amener la diminution de l'armée , la suppression des emplois inutiles , une répartition plus équitable des ressources de l'Etat , une direction plus sage et plus pratique de l'éducation savante , la libre concurrence dans les travaux publics , la réhabilitation des travaux paisibles de l'agriculture , l'égalité dans les avantages réciproques de l'habitation des villes et des campagnes , et ce qui serait d'un merveilleux effet , l'amoindrissement de Paris ; la lutte des partis étant la première cause de sa prépondérance exagérée.

Qu'on ne soit pas tenté de trouver le remède que nous proposons peu praticable et presque naïf. Nous ne demandons à personne de devenir parfait, ni de renoncer à ses opinions pour en prendre d'autres ; nous prêchons l'union telle qu'elle se peut faire en tenant compte de l'état des esprits, et des fautes et des torts et des passions de tous. Le reste est vain. Nous voulons supposer que chacun a en soi l'idée la plus équitable, la plus vraie ; si cette idée ne répond pas à ce qui est utile et possible, c'est avoir la semence et non le sol où elle peut germer. Mettre ses idées en rapport avec ce que le pays contient encore d'éléments sauveurs, même s'ils ne sont pas l'expression exacte de vos sentiments, c'est donner à son champ le grain qu'il peut porter, c'est faire de la fusion et contribuer autant qu'il dépend de soi au salut de la société.

Nous demandons à tout le monde des concessions parce que c'est la première nécessité du temps. Ce n'est pas pour que les légitimistes aient raison, ou les orléanistes, ou les républicains, ou l'empire, qu'il faut la fusion ; c'est pour que le peuple français ne périsse pas ou ne se dégrade pas à jamais dans les folies du socialisme et du communisme. Mais si la fusion durable ne se peut faire que dans la monarchie vraie ou dans une république sage et consciencieuse, il ne dépend de personne de changer cette exigence de la logique.

La fusion des partis modérés nous donnerait enfin la liberté véritable. D'où vient que les honnêtes gens se sont mis à désespérer du principe même de la liberté ? C'est qu'ils ont vu la résistance aux pouvoirs amener l'anarchie, et celle-ci engendrer chaque fois une nouvelle oppression : tous les partis sentant tour à tour que, pour conserver la puissance, ils n'ont à leur service que la force. La fusion donnerait une base tout autre à un gouvernement nouveau, la liberté y serait possible ; et la liberté, c'est la *vérité politique!* c'est le dernier mot de la civilisation à l'homme : lorsqu'elle l'a prononcé, lorsqu'il l'a entendu, ce mot est pour toujours la loi de l'une, le vœu de l'autre !

Attachons-nous à comprendre que ce qui peut réaliser ce vœu, c'est la fusion des partis dans une idée appropriée à notre temps. Notre siècle, nous le savons, ne ressemble nullement à ceux qui l'ont précédé. La nation veut un gouvernement qui aille en avant et s'appuie cependant sur toutes ses traditions de gloire et de grandeur ; qui, en tête de ses actes, mette l'amélioration du sort des classes laborieuses, et qui associe les idées d'autorité et de traditions avec celles de liberté. C'est encore là de la fusion. C'est d'elle seule que pourra surgir un pouvoir tel que le désire la France !

FIN.

TABLE DES MATIÈRES.

FIN DE LA TABLE.